NOTICE BIOGRAPHIQUE

SUR

M. Léon de PERTHUIS de LAILLEVAUT,

Lue à la séance publique de la Société royale et centrale d'agriculture, le 18 avril 1819;

PAR M. SILVESTRE,

Secrétaire perpétuel de la Société.

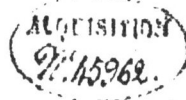

MESSIEURS,

L'expression publique de vos regrets est un[e] hommage accordé à tous les collègues que vous avez eu le malheur de perdre ; mais ces regrets pourraient être plus vivement exprimés, suivant que les hommes qui en sont devenus l'objet ont été plus fréquemment avec vous, qu'ils s'occupaient plus habituellement des travaux qui peuvent servir aux progrès de votre science chérie ; suivant, oserais-je ajouter, que l'interprète que vous avez daigné choisir, éprouvait pour eux une affection personnelle plus vive, et ressentait plus profondément la perte que vous avez faite.

Sous ce triple rapport, nous aurions à craindre de nous laisser aller à donner une trop grande étendue à l'éloge de M. *de Perthuis*, et à le présenter sous des couleurs trop favorables, puisque nul des membres dont nous avons eu à déplorer la perte, ne fut plus assidu à vos assemblées, nul ne travailla plus efficacement aux progrès des arts économiques, nul ne fut plus estimé et plus chéri de votre secrétaire perpétuel.

Mais je le sais, Messieurs, la plus sévère impartialité doit écarter soigneusement le prestige de l'attachement, de la reconnaissance même ; toute exagération doit être bannie des notices qui vous sont présentées, et nous n'avons pas besoin de nous soustraire à cette condition rigoureuse, pour trouver des motifs puissans de faire partager à cette assemblée nos sentimens pour la mémoire de notre estimable confrère.

Le baron *Léon de Perthuis de Laillevaut* naquit à Germini-Lévêque, près Meaux, le 11 avril 1757. Dès sa plus tendre jeunesse il montra une prédilection particulière pour l'étude des sciences exactes, et de rares dispositions pour le dessin, pour les travaux de construction et pour la mécanique pratique; il se distingua dans l'école de Rebais et dans celle de Mézières

où il fut admis en 1772, pour suivre la carrière
des armes à laquelle ses ancêtres s'étaient hono-
rablement voués depuis le 15e. siècle. Il entra à
dix-huit ans dans le génie militaire, et y prit bientôt place parmi les ingénieurs les plus distingués
de ce corps si justement célèbre. Il y fut chargé
en 1778, avec deux autres officiers du génie, de
construire le fort de Châteauneuf en Bretagne ;
l'attaque que les Anglais avaient dirigée sur St.-
Malo en 1758, avait fait sentir la nécessité d'occu-
per d'une manière très-forte la presqu'île du Clos-
Poulet, dans laquelle est située cette ville importante, et qui est maîtrisée par la petite
place de Châteauneuf. Les hommes de l'art
ont rendu une justice éclatante aux dispositions heureuses qui avaient été faites pour
rendre très-difficile l'attaque et la prise de
Châteauneuf. Ce fort existe encore aujourd-
hui , et atteste l'utilité et la sage direction
des premiers travaux auxquels M. *de Perthuis*
avait coopéré.

Il continua à servir d'une manière active, et
fut employé dans diverses garnisons, telles que
Rocroi, Charleville, Mézières, Valenciennes,
Dijon, etc. Partout il se fit remarquer par son
talent et par son ardeur pour le travail. Les
rapports officiels qui furent faits à son égard

furent tellement avantageux, que le Roi voulut bien abréger en sa faveur le temps nécessaire pour obtenir la croix de Saint-Louis. Il lui fut remis un ordre revêtu de la signature du monarque, pour en recevoir le brevet; mais les événemens postérieurs suspendirent les effets de cette honorable disposition, qui ne reçut son exécution qu'en 1814.

M. *de Perthuis* ne servit dans l'arme du génie que jusqu'en 1791; à cette époque, sa santé déjà fort altérée le força de suspendre son service militaire. En rentrant dans une famille qui était alarmée de son état, il emporta avec lui l'estime et les regrets de ses chefs et du corps tout entier qui avait su l'apprécier.

Il se réunit alors à son père qui faisait valoir une vaste propriété rurale et forestière qui lui appartenait à Moulins, près Auxerre, département de l'Yonne, et il se livra pendant longtemps, sous la direction de cet habile agronome, à l'étude et à la pratique de l'agriculture, ainsi qu'à l'exercice du dessin et des arts mécaniques. Il s'occupa aussi de l'administration, pour laquelle l'extrême rectitude de son esprit semblait sur-tout l'avoir formé. Il fut successivement maire de sa commune, commissaire provisoire de l'administration départementale, puis membre et président du Conseil du département de l'Yonne.

M. *de Perthuis* avait beaucoup étudié, il avait étudié avec grand fruit, mais il n'avait encore rien publié à quarante-six ans. Ce retard, Messieurs, cette répugnance à se mettre en avant pour instruire les autres, sera sans doute une nouvelle preuve de sa modestie et du bon esprit qui le dirigeait, pour ceux qui ont pu juger depuis avec quelle facilité il écrivait et quelle était l'abondance de ses idées et l'étendue de ses connaissances positives.

Le premier livre publié par M. *de Perthuis* fut un hommage de sa piété filiale. Et quel hommage en effet peut jamais caractériser mieux toute la tendresse de ce sentiment, que le soin de consolider la réputation d'un père chéri, de recueillir les faits qui contribuent le plus à faire respecter sa mémoire, de retracer les services importans qui doivent rendre son souvenir cher à ses concitoyens et honoré de tous les hommes de bien, de confondre enfin ses propres travaux, son expérience personnelle, pour tresser la couronne que l'estime publique accorde à l'auteur de nos jours! c'est presque lui rendre une nouvelle existence, une existence désormais sans trouble et sans orages,

plus digne d'être enviée peut-être que celle
même qu'on a reçue de lui.

M. *de Perthuis* père, homme très-distingué
par de vastes connaissances d'administration et
de pratiques agricoles, avait communiqué beaucoup de mémoires intéressans d'agriculture et
de statistique rurale au Ministère et à diverses
Sociétés savantes dont il était membre ; mais il
n'avait publié qu'un petit nombre des observa-
tions qu'il avait recueillies, dans un travail assidu, pendant quarante années. Un de ses écrits
sur-tout, qui avait pour objet l'aménagement et la
restauration des forêts, pouvait être fort utile à
la prospérité de cette branche précieuse de nos
richesses territoriales. Ce sont les matériaux de
ce travail, laissés par lui manuscrits, que M. *de
Perthuis* fils a mis en œuvre, qu'il a enrichis de
notes, et qu'il a publiés en 1803, comme un
monument à la gloire de son père. Cet ouvrage excellent comprend la nomenclature des
arbres forestiers, leur aménagement et les di-
vers emplois qu'on peut faire de leurs produits.
Il expose l'état actuel et l'état ancien de nos
forêts, les causes qui ont amené leur dégrada-
tion, et les moyens de les repeupler, d'en amé-
liorer l'aménagement et de les conserver. Parmi
ces moyens, les auteurs ont sur-tout apprécié

l'influence des agens plus ou moins instruits qui sont appliqués à faire fructifier ce travail, et ils s'étonnent avec raison que, par une singulière destinée, la France soit peut-être le seul état forestier dans lequel on n'exige point d'études préliminaires pour être admis dans l'administration des forêts.

M. *de Perthuis* publia encore, au nom de son père et au sien, un ouvrage sur les moyens d'augmenter en France la fabrication de la potasse, et sur la quantité proportionnelle de cette substance qu'on trouve dans l'incinération de différentes plantes ou arbustes sauvages inutiles ou nuisibles, ou dans les débris ordinairement négligés des autres végétaux ; mais la plus grande partie des résultats de ce travail avait été recueillie dans les expériences que M. *de Perthuis* fils avait faites tandis qu'il exerçait ses fonctions d'ingénieur militaire.

Bientôt après, un programme publié par notre Société d'Agriculture sur l'art de perfectionner les constructions rurales, tomba entre les mains de M. *de Perthuis* ; il sentit qu'il avait les moyens de satisfaire à cette question si importante ; il concourut et remporta le prix. Son mémoire, qui fut imprimé en 1805, fit voir combien l'auteur était familiarisé avec les

principes de l'art de bâtir, et avec les détails des exploitations rurales; il y fit preuve de rares connaissances, comme agriculteur et comme architecte. Depuis, il a donné des développemens nouveaux à ce travail, dans un traité complet d'architecture rurale qu'il a publié en 1810, traité dans lequel il a pu tirer le parti convenable des mémoires anglais dont le Bureau d'Agriculture de Londres avait provoqué le rédaction, d'après le programme de la Société de Paris, et des ouvrages qui furent publiés en Allemagne sur ce sujet et à la même époque. Le traité d'architecture rurale, que l'auteur avait enrichi de planches très-nombreuses dessinées par lui-même, est un ouvrage capital, et qui suffirait lui seul pour établir la réputation de M. *de Perthuis.*

Vous avez pensé, Messieurs, qu'un homme aussi éclairé ne pouvait rester étranger à vos travaux. Vous vous êtes empressés de recevoir M. *de Perthuis* au nombre de vos membres résidans, et bien souvent depuis, vous avez eu à vous féliciter de cet heureux choix. M. *de Perthuis* a été un de vos collaborateurs les plus instruits et les plus zélés; il joignait à des notions rurales très-étendues, les connaissances de la grande administration; il avait sur-tout

ce tact délicat et ce coup d'œil assuré qui font
apprécier sur-le-champ les objets, qui éta-
blissent leur importance réelle, font prévoir
avec certitude leur résultat, et choisir les meil-
leurs moyens d'exécution. La longue habitude
de ses travaux comme ingénieur militaire avait
sans doute contribué à la rectitude de son esprit; mais, sans doute aussi, la nature avait tout
préparé pour que l'instruction qu'il avait prise
dans cet exercice devînt aussi fructueuse pour
lui. Sa capacité supérieure à cet égard, et l'extrême simplicité de ses manières qui attestait
sa véracité, donnaient un grand poids à ses opi-
nions dans nos assemblées, où l'on s'occupe
avec tant de bonne foi de la recherche des
véritables moyens d'accroître la prospérité rurale
de la France.

M. *de Perthuis* jouissait d'une confiance très-
étendue dans votre Société; vous le chargiez
avec abandon de l'examen des questions les
plus délicates, des objets sur-tout qui exigeaient
dans le rapporteur le plus de connaissances
mécaniques; et, malgré le mauvais état de
sa santé qui est toujours restée débile; vos ar-
chives manuscrites et vos mémoires imprimés
contiennent un grand nombre de dissertations
ou de rapports qu'il a faits pour vous, et attestent

la scrupuleuse exactitude et les soins multipliés qu'il mettait à tous ses travaux.

Le Conseil général du département de l'Yonne, dont il a été membre pendant plus de douze ans, a mis souvent ses talens et son zèle à contribution; et dans les regrets exprimés à sa famille par des membses de ce Conseil qui ont perdu leur honorable collègue, on voit que ses hautes connaissances administratives inspiraient une telle confiance, que presque toujours son opinion dirigeait celle de ses collaborateurs, que les travaux qu'il a faits pour le Conseil sont très-nombreux, et que sa perte a été regardée comme une calamité par tous ses collègues, et par le département de l'Yonne qui n'oubliera ni ses bons exemples d'exploitation rurale ni ses vues administratives.

Les ouvrages ruraux de M. *de Perthuis* n'é-taient point le fruit des combinaisons dont il aurait pu devoir le résultat à ses sages médita-tions, ni des inductions qu'il aurait pu tirer de la plus saine théorie; une pratique préalable, longue et très-étudiée, lui servait toujours de texte; ainsi, avant de publier l'ouvrage de son père sur la restauration des forêts, il avait suivi pendant huit ans, près de cet habile agronome, toutes les améliorations qu'il avait lui-même

établies dans ses domaines forestiers. Il avait fait
des plantations, des coupes, des repeuplemens,
il avait étudié, comme physicien et comme agriculteur, les qualités de chacune des espèces
d'arbres de nos forêts sous les rapports de leur
reproduction et sous celui de leur emploi. Avant
le travail remarquable qu'il a publié plus tard
sur l'amélioration des prairies naturelles et sur
leur irrigation, il avait déjà exécuté en grand
sur son propre domaine tous les travaux qu'il
propose, et il en avait recon..u pendant plu-
sieurs années les avantages et le succès. Il a
donc pu donner avec précision, non-seulement
des dispositions dès long-temps éprouvées,
mais encore des états positifs de dépenses et
de produits qui servent de preuves irrécusables
à ses assertions.

M. *de Perthuis*, dans cet ouvrage aussi impor-
tant par son objet que par la manière dont il
est traité, expose les pratiques qu'il a vu em-
ployer dans ses voyages, il apprécie les machines
dont on peut faire usage avec économie pour
l'arrosement des prairies, et traite sur-tout de la
législation des cours d'eau, qui est la partie la
plus importante à considérer pour généraliser
le bienfait des irrigations, résultat qui, suivant
l'auteur, aurait pour objet de doubler au moins

le produit de nos prairies et celui de nos bes‑
tiaux. Les vues qu'il présente sur les dispo‑
sitions législatives et réglementaires qu'il con‑
viendrait d'adopter, celles qui ont pour but de
rendre les pâtures communales susceptibles de
participer à l'irrigation, sont aussi dignes de la
plus sérieuse méditation.

M. *de Perthuis* était bien préparé à traiter
toutes les questions de ce genre, et qui, par
leur importance, attiraient souvent l'attention
de votre Société. C'est lui qui a été rapporteur
du concours que vous aviez ouvert pour ob‑
tenir les meilleures machines hydrauliques ap‑
plicables aux irrigations rurales; c'est lui qui
a suivi les expériences nombreuses qui ont été
faites alors avec les différentes machines en‑
voyées à l'occasion de ce concours, et qui a
calculé la puissance et les produits comparatifs
de chacune d'elles; c'est lui qui a provoqué
l'hommage éclatant que vous avez rendu au
modeste M. *Milon*, propriétaire à Vitry‑sur‑Seine,
qui depuis trente ans avait établi sur un puits
profond une machine à godets. Depuis ce temps,
cette machine n'avait donné lieu à aucune es‑
pèce d'entretien, et par les dispositions ingé‑
nieuses que l'auteur y avait adaptées, elle a été,
de toutes les machines que vous avez exami‑

nées, celle qui, avec le moindre emploi de
force, fournissait la plus grande quantité d'eau.
M. *Milon* n'existait plus, lorsqu'une justice tar-
dive a fait apprécier le fruit de son ingénieuse in-
dustrie : de son vivant, il n'aurait sûrement pas
recherché cet honneur ; mais, sans doute aussi,
sa stoïque modération n'aurait pas été insen-
sible à votre jugement favorable et au bien que
pouvait procurer à l'agriculture la propagation
de son travail, qui jusqu'alors était resté à-peu-
près ignoré.

M. *de Perthuis* a fait partie de toutes les
commissions que vous avez nommées pour
examiner les instrumens ruraux de tout genre
qui vous ont été présentés, et qui pouvaient être
introduits avec avantage dans l'agriculture. Il a
fourni des articles d'un grand intérêt à l'édition
que vous avez publiée, en 1805, du *Théâtre
d'Agriculture* d'OLIVIER DE SERRES ; il en a inséré
aussi un assez grand nombre dans le *Nouveau
Cours d'Agriculture* publié chez *Deterville*, il y
a dix ans, par les membres de la Section d'Agriculture de l'Institut. Il laisse des manuscrits sur
diverses parties de l'économie rurale, de la
mécanique et de l'administration. Quelques-
uns de ces manuscrits sont relatifs aux machines
à préparer le chanvre et le lin sans rouissage

préalable; d'autres, plus considérables encore, ont pour objet les moyens de perfectionner les fours à chaux : c'était un très-grand travail dont vous l'aviez chargé de concert avec des collègues dignes de le seconder, qui préparaient de leur côté des portions de cet ouvrage, et qui seront empressés de mettre à profit les derniers efforts que notre confrère a faits pour rendre sa carrière utile aux arts, à l'agriculture et à sa patrie.

M. *de Perthuis*, malgré un tempérament très-délicat qui le condamnait à un régime sévère et à des souffrances fréquentes et très-douloureuses, avait une grande égalité de caractère et une gaîté naturelle. Il inspirait la confiance et l'amitié. Par ses connaissances variées, il se mettait à la portée de tous ceux avec lesquels il conversait; chaque personne qui s'approchait de lui le trouvait disposé à parler de l'objet qu'elle préférait; il en parlait bien, c'était toujours ce qu'on aurait cru qu'il savait le mieux.

M. *de Perthuis* était un objet de vénération et d'extrême tendresse pour sa vertueuse et inconsolable épouse, et pour ses dignes enfans qui promettent déjà de l'imiter. L'amour du bien public, celui de l'agriculture, semblent héréditaires dans cette respectable famille. Le beau-père de M. *de Perthuis* a mérité, par de grands services rendus à l'économie rurale, une douloureuse expression publique de vos regrets ; son oncle apporte journellement à vos assemblées l'estimable tribut de ses lumières ; la mémoire de M. *de Perthuis* père ne cessera jamais d'être chère aux amis de l'agriculture dont il a si utilement servi les intérêts; celle de l'homme de bien dont nous déplorons aujourd'hui la perte, vivra éternellement dans nos cœurs; et sans doute, Messieurs, de si dignes exemples, toujours devant les yeux des fils de notre infortuné confrère, assurent à l'agriculture française que le nom *de Perthuis* sera compté sans cesse parmi ceux de ses plus honorables soutiens.

Imprimerie de Madame HUZARD (née VALLAT LA CHAPELLE).
Mai 1819.